sekolah - isikole	2
perjalanan - ukuhamba	5
transportasi - izinto zokuhamba	8
kota - idolobha	10
pemandangan - ingadi	14
restauran - isitolo sokudlela	17
supermarket - emakethe enkulu	20
minuman - iziphuzo	22
makanan - ukudla	23
pertanian - ifamu	27
rumah - indlu	31
ruang tamu - igumbi lokuhlala	33
dapur - ikhishi	35
kamar mandi - igumbi lokugeza	38
kamar anak - igumbi lezingane	42
pakaian - izimpahla	44
kantor - i-ofisi	49
ekonomi - umnotho	51
pekerjaan - imisebenzi	53
alat - amathuluzi	56
alat musik - izinsimbi zomculo	57
kebun binatang - esiqiwini	59
olahraga - imidlalo	62
aktivitas - imisebenzi	63
keluarga - umndeni	67
badan - umzimba	68
rumah sakit - isibhedlela	72
darurat - izimo eziphuthumayo	76
bumi - Umhlaba	77
jam - iwashi	79
minggu - iviki	80
tahun - unyaka	81
bentuk - amasheyphu	83
warna-warna - imibala	84
berlawanan - izinto ezingafani	85
angka-angka - izinombolo	88
bahasa-bahasa - izilimi	90
siapa / apa / begaimana - ubani / ini / kanjani	91
dimana - kuphi	92

Impressum
Verlag: BABADADA GmbH, Nedderfeld 112 , 22529 Hamburg
Geschäftsführer / Verlagsleitung: Harald Hof
Druck: Books on Demand GmbH, In de Tarpen 42, 22848 Norderstedt

Imprint
Publisher: BABADADA GmbH, Nedderfeld 112 , 22529 Hamburg, Germany
Managing Director / Publishing direction: Harald Hof
Print: Books on Demand GmbH, In de Tarpen 42, 22848 Norderstedt

sekolah
isikole

- ruang kelas / ikilasi
- membagi / divayda
- papan / ibhodi
- guru / uthisha
- halaman sekolah / igceke lesikole
- kertas / iphepha
- pena / ipeni
- meja kerja / ideski
- penggaris / irula
- buku / incwadi
- menulis / bhala
- murit / umuntu

tas sekolah
isikhwama

tempat pensil
isikwama sepeni

pensil
ipensela

pengasah pensil
umshini wokulola

penghapus
irabha

kertas gambar
indawo yokudweba

gambar
ukudweba

kuas
ibrashi lokupenda

kotak cat
ibhokisi lokupenda

gunting
isikelo

lem
inomfi

buku latihan
incwadi yesikole

pekerjaan rumah
umsebenzi wasekhaya

angka
inamba

tambhakan
hlanganisa

mengurangi
susa

mengalikan
phindaphinda

menghitung
bala

huruf
incwadi

alfabet
izinhlamvu zamagama

kata
igama

sekolah - isikole

teks	membaca	kapur
umbhalo	funda	ushoki

pelajaran	daftar	ujian
isifundo	bhalisa	isivivinyo

sertifikat	seragam sekolah	pendidikan
icitifiketi	iyunifomu yesikole	imfundo

ensiklopedi	universitas	mikroskop
i-encyclopedia	inyuvesi	isibonakhulu
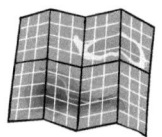		
peta	tempat sampah	
ibalazwe	ibhaskidi yokulahla amaphepha	

sekolah - isikole

perjalanan
ukuhamba

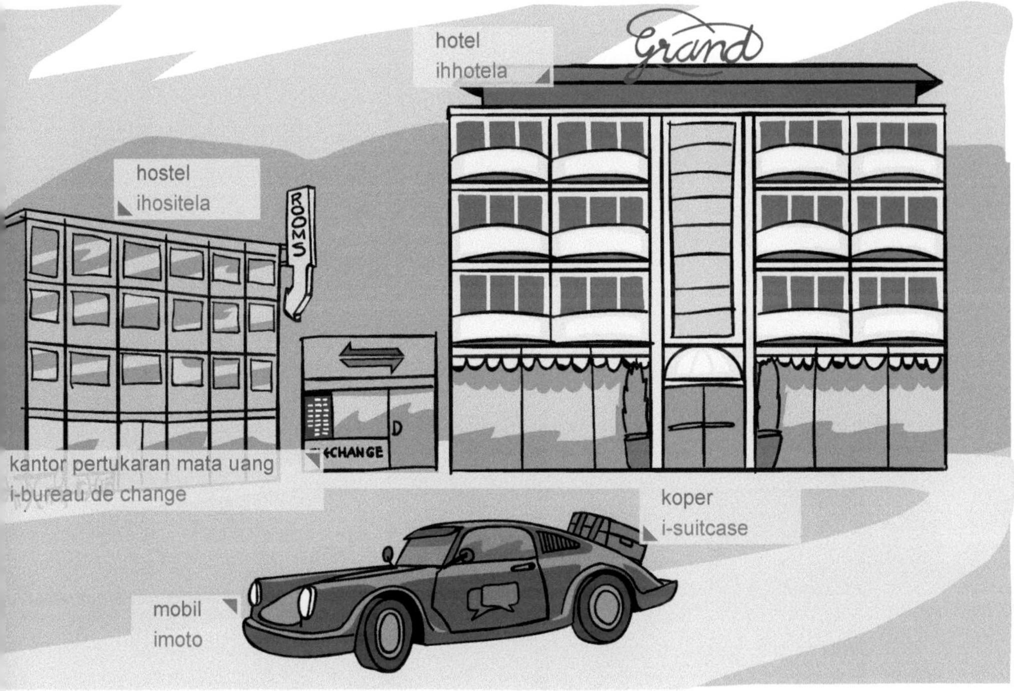

hotel / ihhotela

hostel / ihositela

kantor pertukaran mata uang / i-bureau de change

koper / i-suitcase

mobil / imoto

bahasa
ulimi

ya / tidak
yebo / cha

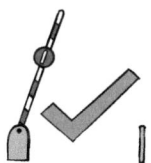

okay
kulungile

hallo
sawubona

penerjemah
umhumushi

terima kasih
Ngiyabonga

perjalanan - ukuhamba

Berapa harganya...?	saya tidak mengerti	masalah
iyimalini i...?	angiqondi	inkinga

Selamat malam!	Selamat siang!	Selamat tidur!
Intambama enhle!	Sawubona!	Ulale kahle!

sampai jumpa	arah	bagasi
hye hye	isiqondiso	izikhwama

tas	ransel	tamu
isikhwama	ubhakha	isivakashi

ruang	kantong tidur	tenda
igumbi	isikhwama sokulala	ithende

perjalanan - ukuhamba

informasi wisata
nininingwane yamathoristi

pantai
ulwandle

kartu kredit
ikhadi lesikweletu

sarapan
ukudla kwasekuseni

makan siang
ukudla kwasemini

makan malam
ukudla kwasebusuku

tiket
ithikithi

elevator
i-lift

perangko
isitembu

perbatasan
ibhoda

cukai
amasiko

kedutaan
inxusa

visa
ivisa

paspor
iphasiphothi

perjalanan - ukuhamba

transportasi
izinto zokuhamba

kapal terbang
indiza

perahu
iskebhe

mobil pemadam kebakaran
injini yomlilo

truk
iloli

bis
ibhasi

perahu motor
isikebhe senjini

mobil
imoto

sepeda
isithuthuthu

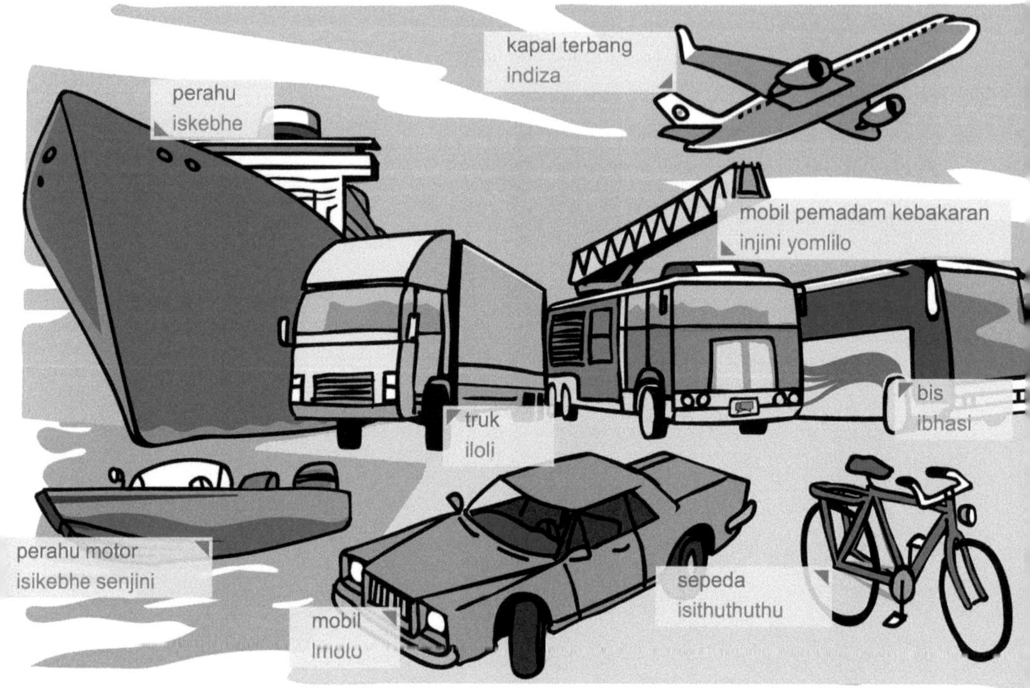

feri
isikebhe

perahu
isikebhe

sepeda motor
isithuthuthu

mobil polisi
imoto yamaphoyisa

mobil balapan
imoto ejahayo

mobil sewa
imoto eqashiwe

transportasi - izinto zokuhamba

berbagi mobil
ukurenta imoto

truk derek
iloli eliphukile

truk sampah
ithrakhi

motor
injini

bahan bakar
amafutha

bensin
indawo yokuthela uphethiloli

tanda lalulintas
uphawu lwethrafikhi

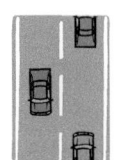
lalulintas
ithrafikhi

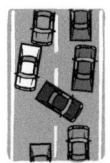
macet
ithrafikhi enkulu

parkir mobil
indawo yokupaka izimoto

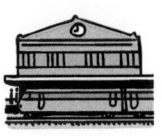
stasiun kereta
isitashi sesitimela

trek
amaloli

kereta api
isitimela

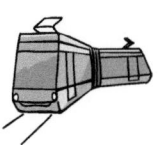
tram
ithilamu

gerobak
inqola

transportasi - izinto zokuhamba

helikopter
ihelikhoptha

bendara
isikhungo sezindiza

menara
umphongolo

penumpang
iphasenja

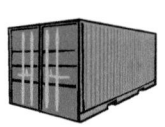
container
ikhonteyna

karton
ikhathoni

troli
ingola

keranjang
ubhasikidi

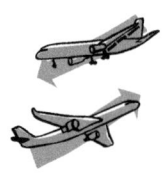
berangkat / mendarat
ukusuka / ukwehla

kota
idolobha

desa
isigodi

pusat kota
i-city centre

rumah
indlu

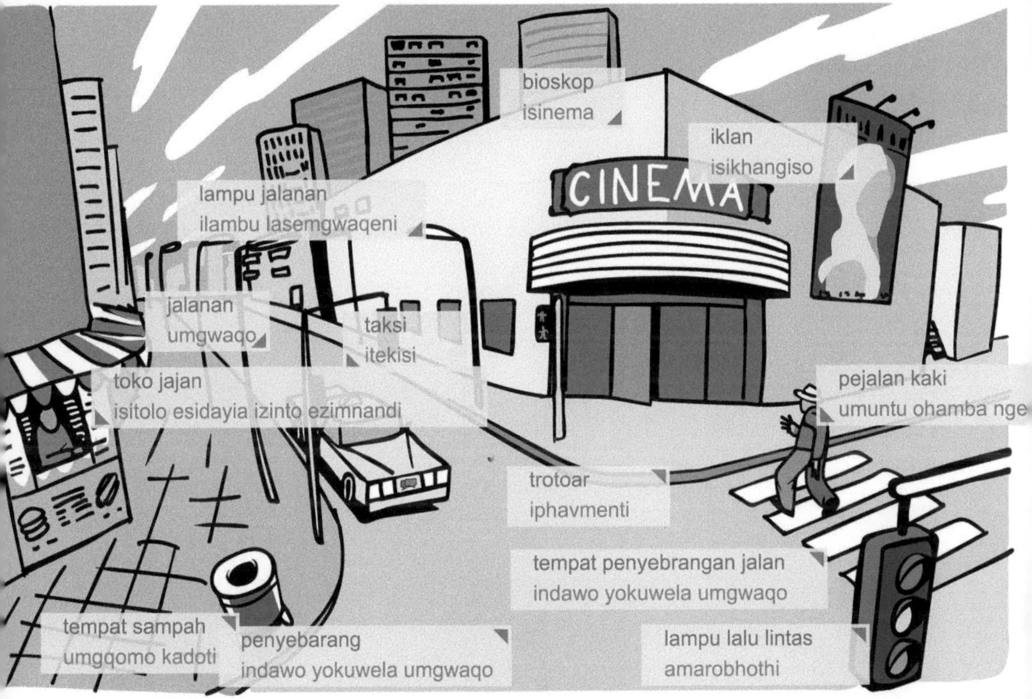

bioskop
isinema

iklan
isikhangiso

lampu jalanan
ilambu lasemgwaqeni

jalanan
umgwaqo

taksi
itekisi

toko jajan
isitolo esidayia izinto ezimnandi

pejalan kaki
umuntu ohamba nge

trotoar
iphavmenti

tempat penyebrangan jalan
indawo yokuwela umgwaqo

tempat sampah
umgqomo kadoti

penyebarang
indawo yokuwela umgwaqo

lampu lalu lintas
amarobhothi

gubuk
indlu yodaka

rumah flat
i-flat

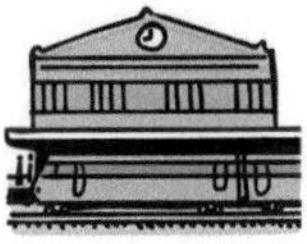

stasiun kereta
isitashi sesitimela

balai kota
i-town hall

museum
imuzilemu

sekolah
isikole

kota - idolobha

universitas
inyuvesi

bank
ibhange

rumah sakit
isibhedlela

hotel
ihhotela

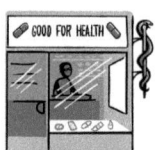

farmasi
ikhemisi

kantor
i-ofisi

toko buku
isitolo sezincwadi

toko
esitolo

toko bunga
isitolo oozimbali

supermarket
emakethe enkulu

pasar
imakethe

toko serba ada
isitolo somnyango

nelayan
i-fishmonger's

pusat belanja
isikhungo sezitolo

pelabuhan
isikhungo semikhumbi

taman
ipaki

banku
ibhentshi

jembatan
ibhuloho

tangga
izitezi

kereta bawah tanah
ngaphansi komhlaba

terowongan
umhubhe

pemberhantian bis
istobhu sebhasi

bar
i-bar

restauran
isitolo sokudlela

kotak surat
eposini

tanda jalan
uphawu lwasemgwaqeni

meteran parkir
umshini wokukhokhela ukupaka

kebun binatang
esiqiwini

kolam renang
indawo yokubhukuda

mesjid
i-mosque

kota - idolobha

pertanian — ifamu

polusi — ukungcola

kuburan — amagcwaba

gereja — isonto

tempat bermain — igrawundi lokudlala

pura — ithempeli

pemandangan
ingadi

- daun — icembe
- penunjuk arah — mpambano mgwaqo
- jalanan — indlela
- padang rumput — idlelo
- batu — itshe
- pohon — isihlahla
- pejalak kaki — umqwali wezintaba
- sungai — umfula
- rumput — utshani
- bunga — imbali

14 pemandangan - ingadi

lembah isigodi	bukit intaba	danau ichibi
	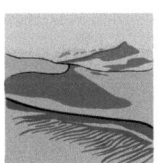	
hutan ihlathi	padang gurun ogwadule	gunung berapi intaba mlilo

istana isigodlo	pelangi uthingo	jamur ikhowe

pohon palem isihlahla sesundu	nyamuk umiyane	lalat ukundiza

semut intuthwane	lebah inyosi	laba-laba isicabucabu

pemandangan - ingadi

kumbang
ibhungane

kodok
ixoxo

tupai
i-squirrel

landak
i-hedgehog

kelinci
unogwaja

burung hantu
isikhova

burung
izinyoni

angsa
idada

babi jantan
intibane

rusa
inyamazane

rusa
i-moose

bendungan
idamu

turbin angin
i-wind turbine

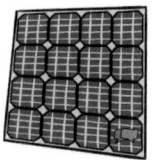

panel surya
i-solar panel

iklim
isimo sezulu

restauran
isitolo sokudlela

- pelayan / uweyita
- daftar makanan / imenu
- kursi / isihlalo
- sup / isobho
- pizza / i-pizza
- peralatan makan / ikhathilari
- taplak / indwangu yasetafuleni

hindangan pembuka
ukudla okulula

hidangan utama
isidlo

hidangan penutup
idizethi

minuman
iziphuzo

makanan
ukudla

botol
ibhodlela

restauran - isitolo sokudlela

fastfood
ukudla okulula

masakan jalanan
ukudla okudayiswa emgwaqeni

teko teh
ithiphothi

kaleng gula
isitsha sikashukela

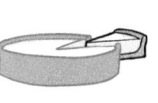
porsi
ingxenye

mesin espresso
umshini we-ekspreso

kursi tinggi
isitulo esiphezulu

tagihan
izindleko

baki
ithreyi

pisau
ummese

garpu
imfologo

sendok
ispuni

sendok teh
ithispuni

serbet
indawo yokusula umlomo

gelas
igilasi

restauran - isitolo sokudlela

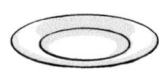
piring
ipuleti

piring sup
ipuleti lesobho

lepek
isoso

saus
isosi

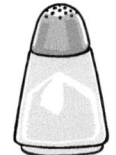
tempat garam
isitsha sasawoti

gilingan merica
isitsha sephepha

cuka
uviniga

minyak
amafutha

bumbu
izinongo

saus tomat
isosi yetamatisi

mustar
isosi yesinaphi

mayones
imayonesi

restauran - isitolo sokudlela

supermarket
emakethe enkulu

penawaran khusus
amanani akhethekile

klien
ikhasimende

produk susu
ukudla okwenziwe ngobisi

buah
isithelo

troli
ithroli

pembantai
ebhusha

toko roti
isitolo esidayisa isinkwa

menimbang
kala

sayur
amaveji

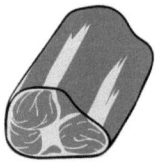

daging
inyama

makanan beku
ukudla okubandayo

supermarket - emakethe enkulu

pemotongan dingin
inyama ebandayo

makanan kaleng
ukudla okusethinini

sabun serbuk
insipho yokuwasha enguphawuda

permen
oswidi

alat-alat rumah tangga
izinto zasendlini

obat pembersihan
izinto zokuhlanza

penjual
umuntu odayisayo

kasa
ithili

kasir
umbali wemali

daftar belanja
into okumelwe zithengwe

jam buka
amahora okuvula

dompet
uwolethi

kartu kredit
ikhadi lesikweletu

tas
isikhwama

kantong plastik
isikwama sepulastiki

supermarket - emakethe enkulu

minuman
iziphuzo

air
amanzi

jus
ijusi

susu
ubisi

cola
i-coke

anggur
iwayini

bir
ubhiya

alkohol
utshwala

coklat
i-cocoa

teh
itiye

kopi
ikhofi

espresso
i-ekspreso

cappucino
ikhaphachino

makanan
ukudla

pisang
ubhanana

apel
i-apula

jeruk
i-olintshi

semangka
ikhabe

jeruk lemon
ulamula

wortel
ukherothi

bawang putih
ugaligi

bambu
umhlanga

bawang bombai
u-anyanisi

jamur
ikhowe

kacang
amakinati

mi
ama-noodle

spagetti
isipagethi

nasi
iraysi

salat
isaladi

kentang goreng
ama-chips

kentang goreng
amazambane athosiwe

pizza
i-pizza

hamburger
ihhega

sandwich
isendiwichi

sayatan
inyama engenathambo

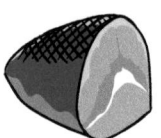
ham
ham

salami
salami

sosis
isoseji

ayam
inkukhu

menggoreng
yosiwe

ikan
inhlanzi

makanan - ukudla

bubur gandum
iphalishi le-oats

sereal
i-muesli

cornflakes
ama-cornflakes

tepung
uflulawa

croissant
i-croissant

roti
isinkwa esiyiroli

roti
isinkwa

toast
i-toast

biskuit
amabhiskidi

mentega
ibhotela

dadih
i-curd

kue
ikhekhe

telur
iqanda

telur goreng
iqanda elithosiwe

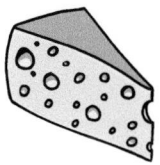
keju
ushizi

makanan - ukudla

eskrim	gula	madu
i-ice cream	ushukela	uju

selai	krim nugat	kare
ujamu	ispredi sikashokholedi	isitshulu

pertanian
ifamu

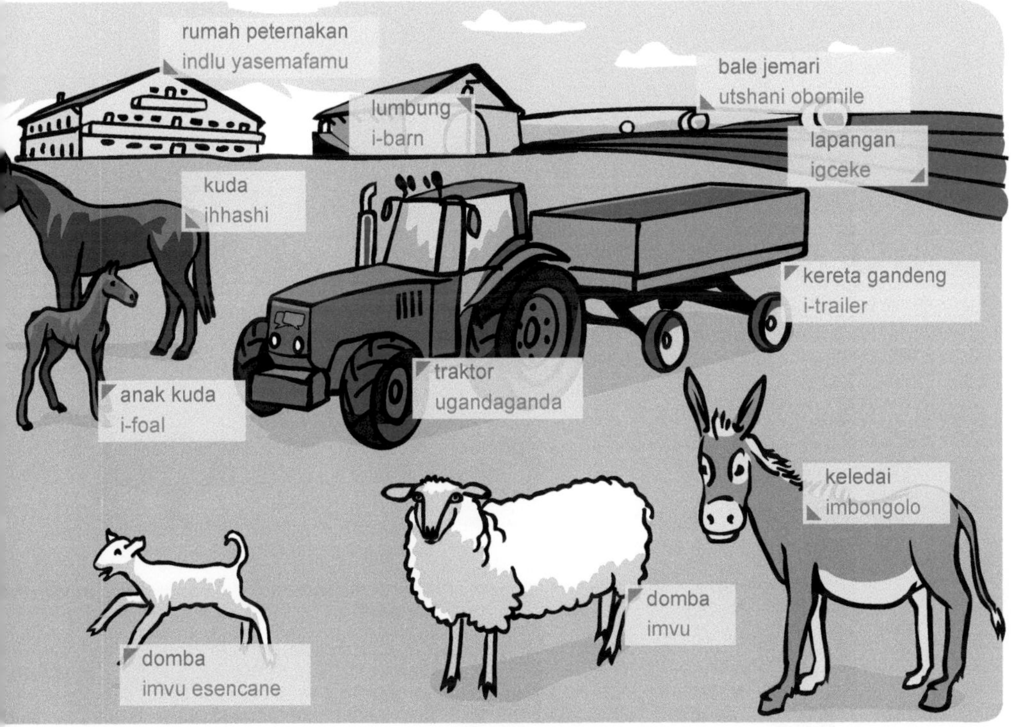

rumah peternakan
indlu yasemafamu

lumbung
i-barn

bale jemari
utshani obomile

lapangan
igceke

kuda
ihhashi

kereta gandeng
i-trailer

anak kuda
i-foal

traktor
ugandaganda

keledai
imbongolo

domba
imvu

domba
imvu esencane

kambing

imbuzi

sapi

inkomo

betis

ithole

babi

ingulube

celeng

ingulube esencane

banteng

inkunzi

angsa
ihansi

bebek
idada

anak ayam
ichwane

ayam
isikhukhukazi

ayam jantan
iqhude

tikus
igundwane

kucing
ikati

tikus
iqundwane

lembu
inkabi

anjing
inja

rumah anjing
indlu yenja

selang
ipayipi lokunisela

penyiram
ikani lokunisela

sabit
ucelemba

bajak
igeja

pertanian - ifamu

sabit
isikela

cangkul
ukhuba

garpu rumput
imfoloko

kapak
imbazo

gerobak
ibhala

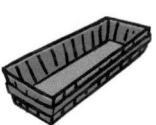

palung
umkhombe

kaleng susu
ubusi olusekanini

karung
isaka

pagar
ifensi

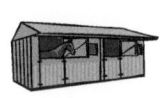

kandang
esitebhilini

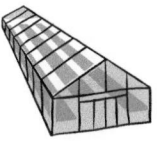

rumah kaca
i-greenhouse

tanah
inhlabathi

benih
imbewu

pupuk
umanyolo

mesin pemanen
ukuvuna okuhlanganisiwe

pertanian - ifamu

panen
vuna

panen
isivuno

yams
ama-yam

gandum
ukolweni

kedelai
umbhontshisi

kentang
amazambane

jagung
ummbila

lobak
i-rapeseed

pohon buah
isihlahla sezithelo

singkong
umdumbula

sereal
amasiriyeli

pertanian - ifamu

rumah
indlu

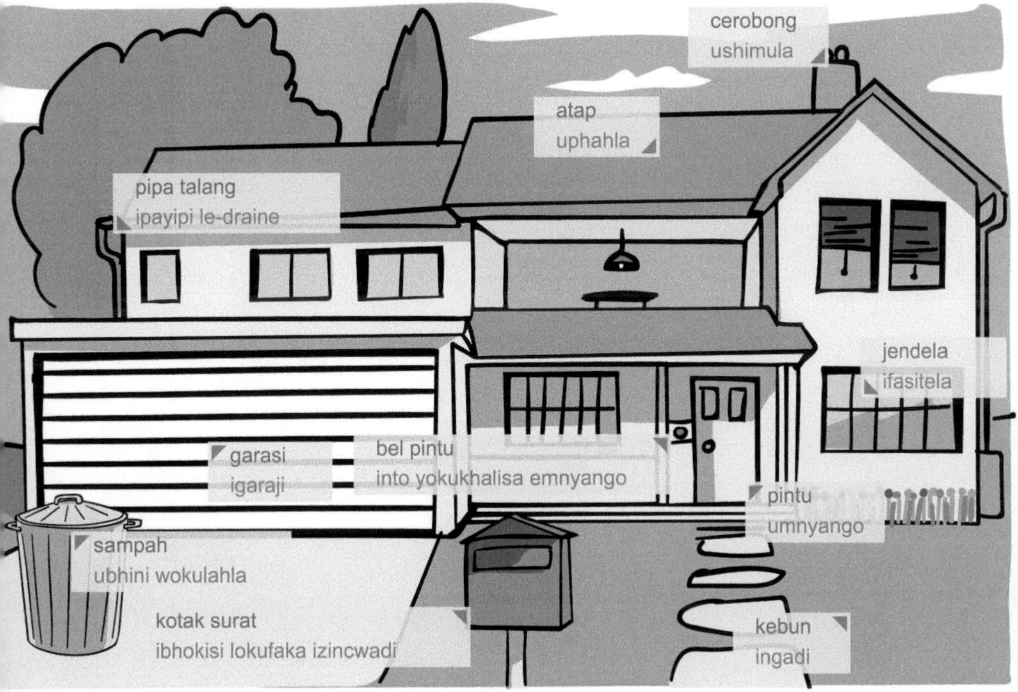

- cerobong / ushimula
- atap / uphahla
- pipa talang / ipayipi le-draine
- jendela / ifasitela
- garasi / igaraji
- bel pintu / into yokukhalisa emnyango
- pintu / umnyango
- sampah / ubhini wokulahla
- kotak surat / ibhokisi lokufaka izincwadi
- kebun / ingadi

ruang tamu
igumbi lokuhlala

kamar mandi
igumbi lokugeza

dapur
ikhishi

kamar tidur
igumbi lokulala

kamar anak
igumbi lezingane

kamar makan
igumbi lokudlela

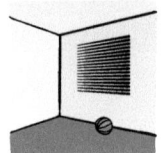

lantai
phansi

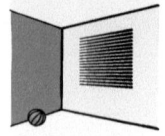

tembok
udonga

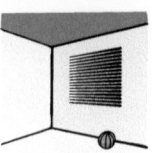

atap
usilingi

gudang di bawah tanah
i-cella

sauna
i-sauna

balkon
ibhalconi

teras
i-terrace

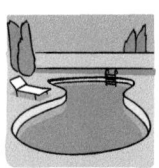

kolam renang
iphuli

mesin pemotong rumput
umshin wokugunda utshani

sprei
ishidi

selimut
ingubo yokulala

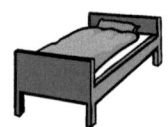

tempat tidur
umbhede

sapu
umshanelo

ember
ibhakede

tombol
i-switch

rumah - indlu

ruang tamu
igumbi lokuhlala

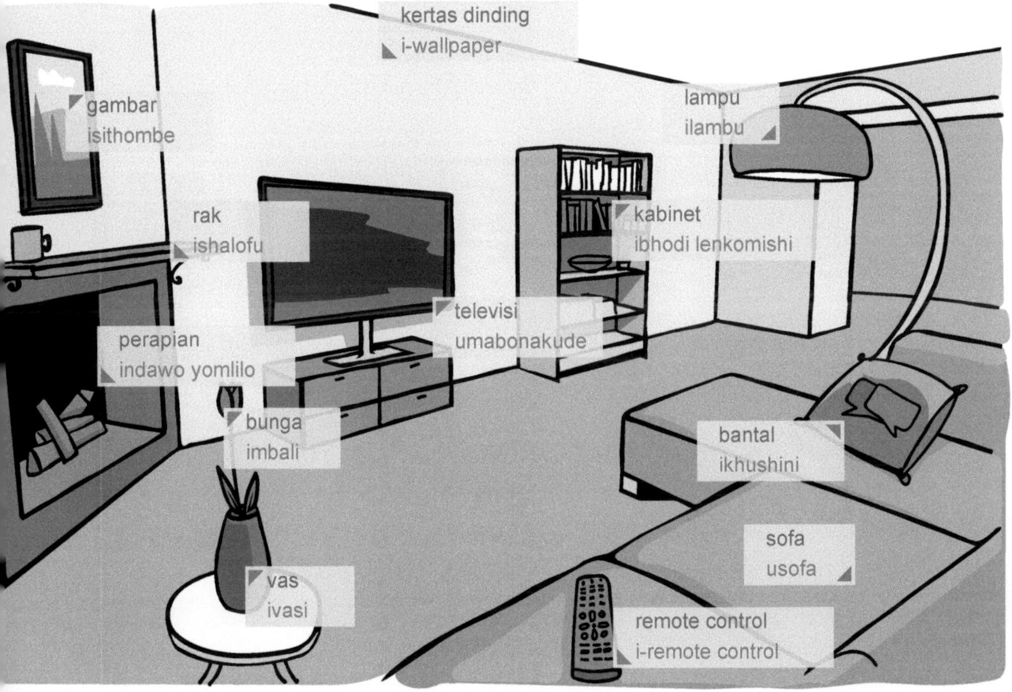

- kertas dinding / i-wallpaper
- gambar / isithombe
- lampu / ilambu
- rak / ishalofu
- kabinet / ibhodi lenkomishi
- perapian / indawo yomlilo
- televisi / umabonakude
- bunga / imbali
- bantal / ikhushini
- vas / ivasi
- sofa / usofa
- remote control / i-remote control

karpet
ukhaphethe

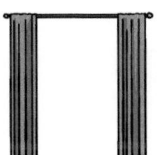

korden
ikhethini

meja
itafula

kursi
isihlalo

kursi goyang
isihlalo esinyakazayo

kursi malas
isihlalo esingangengalo

buku incwadi	selimut ingubo	dekorasi ukuhlobisa

kayu bakar izinkuni zokubasa	filem ifilimu	hi-fi izinto ze-hi-fi

kunci ukhiye	koran iphephandaba	lukisan ukupenda

poster iphosta	radio umsakazo	buku tulis i-notepad

penyedot debu ihuva	kaktus i-cactus	lilin ikhandlela

dapur
ikhishi

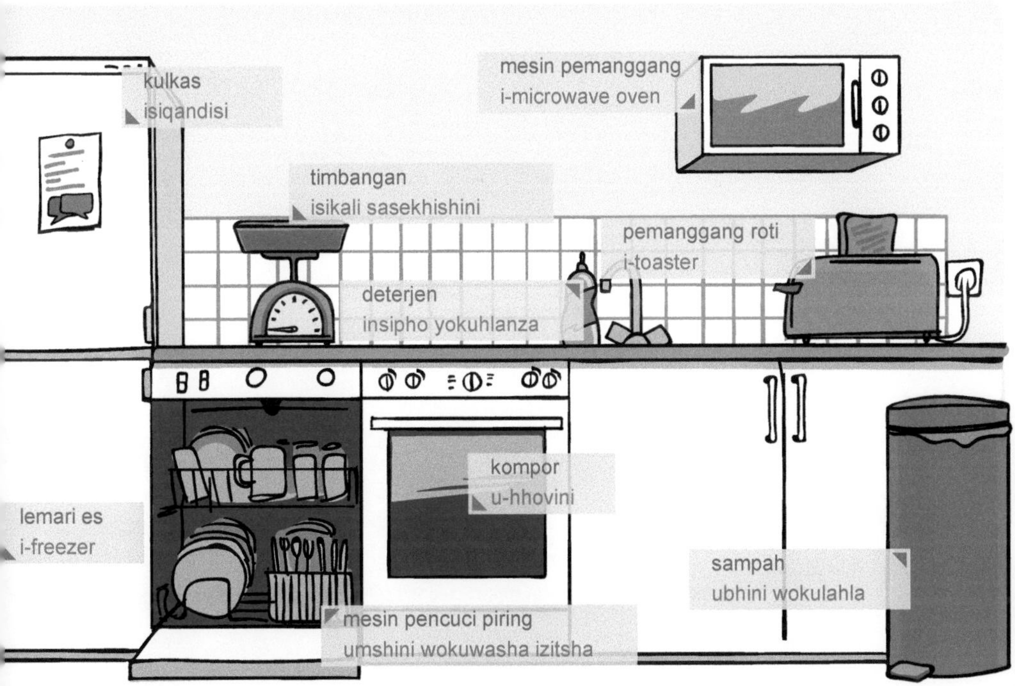

- mesin pemanggang / i-microwave oven
- kulkas / isiqandisi
- timbangan / isikali sasekhishini
- pemanggang roti / i-toaster
- deterjen / insipho yokuhlanza
- kompor / u-hhovini
- lemari es / i-freezer
- sampah / ubhini wokulahla
- mesin pencuci piring / umshini wokuwasha izitsha

kompor
umshini wokupheka

panci
ibhodwe

panci besi
ibhodwe le-cast iron

wajan
i-wok / kadai

panci
ipani

pemanas air
iketela

	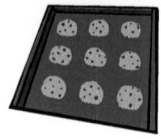	
panci pengukus makanan i-steamer	nampan ithreyi lokubhaka	piring izitsha zokudla

cangkir imaki	mangkok isitsha	sumpit izinti zendwangu

sendok sup isixembe sokuphaka	sudip ispathula	mengocok i-whisk

saringan i-strainer	saringan isisefo	parutan igretha

mortir isitsha sodaka	barbeque i-barbecue	api terbuka umlilo

dapur - ikhishi

papan memotong

ibhodi lokuqoba

gilingan

ipini lokurola

alat pembuka botol

iskrew

kaleng

ikani

pembuka kaleng

into yokuvula ikani

pegangan panci

indwangu yokubamba ibhodwe

wastafel

usinki

sikat

i-brush

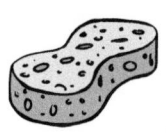

busa

isiponji

mesin pencampur

ibhlenda

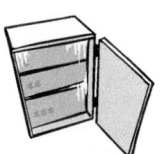

lemari es

i-deep freezer

botol bayi

ibhodlela lengane

keran

umpompi

dapur - ikhishi

kamar mandi
igumbi lokugeza

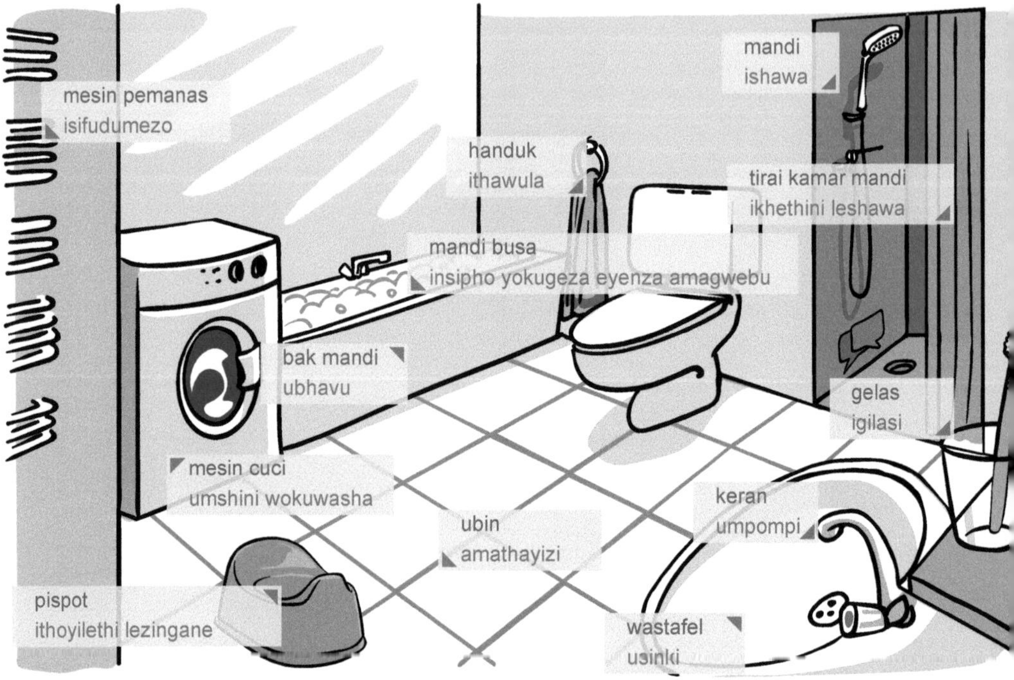

mandi
ishawa

mesin pemanas
isifudumezo

handuk
ithawula

tirai kamar mandi
ikhethini leshawa

mandi busa
insipho yokugeza eyenza amagwebu

bak mandi
ubhavu

gelas
igilasi

mesin cuci
umshini wokuwasha

ubin
amathayizi

keran
umpompi

pispot
ithoyilethi lezingane

wastafel
usinki

toilet

ithoyilethi

toilet jongkok

ithoyilethi oqoshama kuyo

bidet

ithoyilethi le-bidet

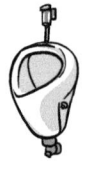

pissoir

ithoyilethi lokuchama
labesilisa

kertas toilet

iphepha lasethoyilethi

sikat toilet

ibhrashi lasethoyilethi

sikat gigi
ibhrashi lamazinyo

pasta gigi
insipho yamazinyo

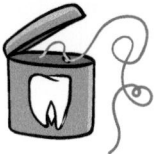
benang gigi
into yokuvungula

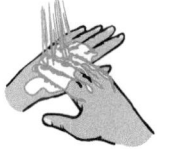
menyuci
washa

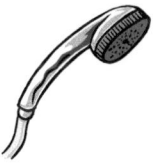
pancuran tangan
ishawa ebanjwa ngesandla

pancuran
uchatho

bak
u-basini

sikat punggung
ibrashi lomhlane

sabun
insipho

gel mandi
ijeli yeshawa

sampo
ishampu

planel
ishethi lesikoshi

kuras
i-drain

krim
ukhilimu

deodoran
into yokugcoba amakhwapha

kamar mandi - igumbi lokugeza

kaca
isibuko

cermin tangan
isibuko esiphathwa ngesandla

pisau cukur
ireyza

busa cukur
igwebu lokushefa

aftershave
umuthi ogcotshwa ngemva kokushefa

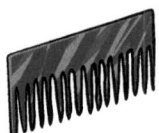

sisir
ikama

sikat
ibhrashi

alat pengering rambut
into yokomisa izinwele

semprot rambut
ispreyi sezinwele

makeup
i-makeup

lipstik
into yokugcoba umlomo

cat kuku
into yokususa upende wezinzipho

kapas
uwuli kakotini

gunting kuku
isikelo sezinzipho

minyak wangi
isigqolo

kantong pencuci
isikhwama sezinto zokugeza

bangku
isitulo

timbangan
isikali

mantel mandi
ingubo yokugeza

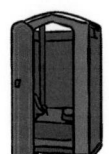

sarung tangan karet
amagilavu erabha

tampon
ithemponi

handuk pembalut
iphedi yasesikhathini

toilet kimia
ithoyilethi lekhemikhali

kamar anak
igumbi lezingane

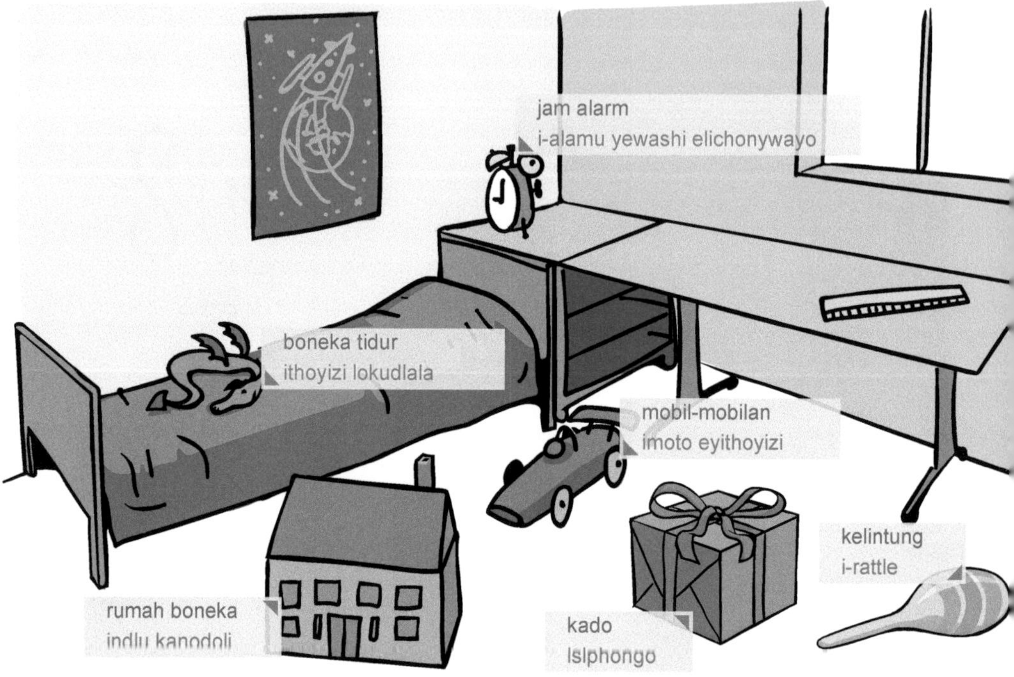

jam alarm
i-alamu yewashi elichonywayo

boneka tidur
ithoyizi lokudlala

mobil-mobilan
imoto eyithoyizi

rumah boneka
indlu kanodoli

kado
Isiphongo

kelintung
i-rattle

balon
ibhaluni

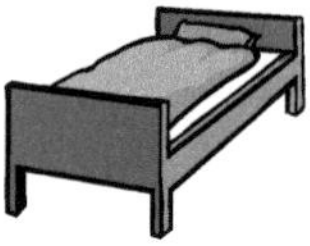

tempat tidur
umbhede

kereta bayi
iphremu

mainan kartu
amakhadi

teka-teki
i-jigsaw

komik
indaba edwetshiwe

mainan lego
amabrick elego

blok mainan
amabhuloksi okwakha

figur aksi
unodoli weqhawe

baju monyet
izimpahla zezingane

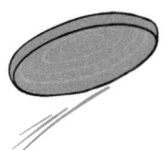
frisbee
i-frisbee

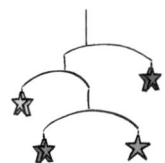
mobile
amathoyizi ezingane alengayo

permainan papan
ibhodi lokudlala igemu

dadu
idayisi

set model kreta api
isethi yesitimela

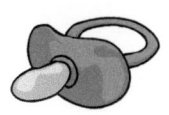
dot
idemu

pesta
iphathi

buku gambar
incwadi yezithombe

bola
ibhola

boneka
unodoli

bermain
dlala

kamar anak - igumbi lezingane

tempat main pasir

umgodi wenhlabathi

ayunan

uzwinki

mainan

amathoyizi

video game konsol

umshini wamavidiyo geymu

sepeda roda tiga

ibhayisikili elinemasondo amathathu

teddy

uthedibhe

lemari pakaian

u-wardrobe

pakaian
izimpahla

kaos kaki

amasokisi

kaos kaki

amastokhingi

baju ketat

amathayithi

44 pakaian - izimpahla

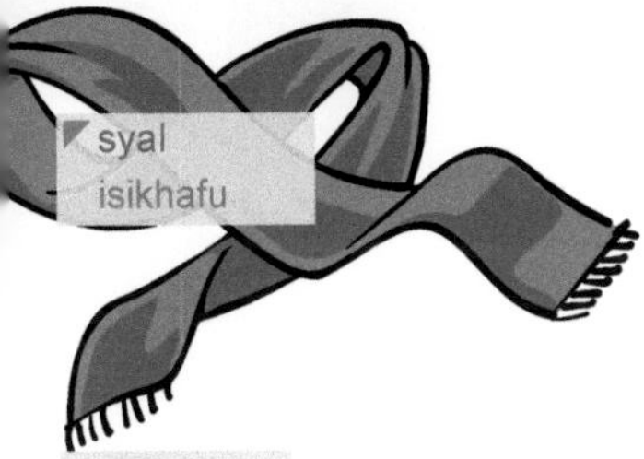

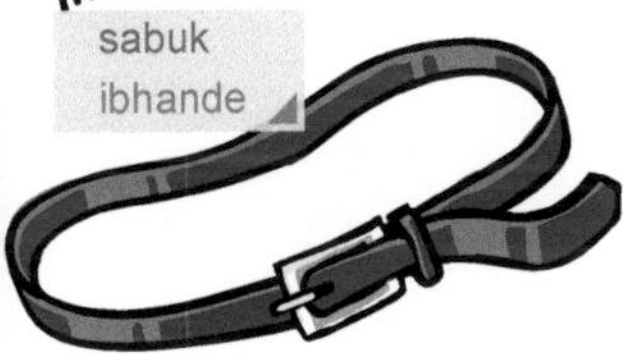

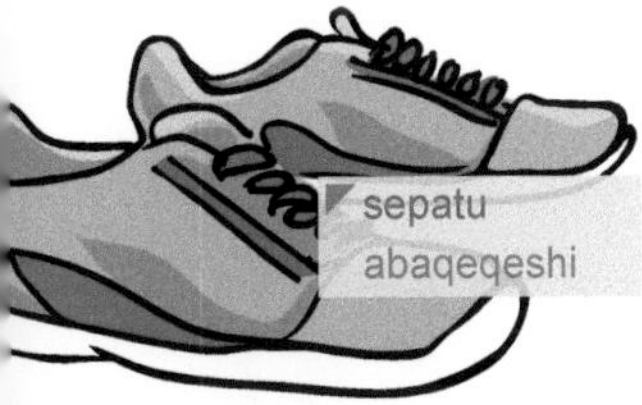

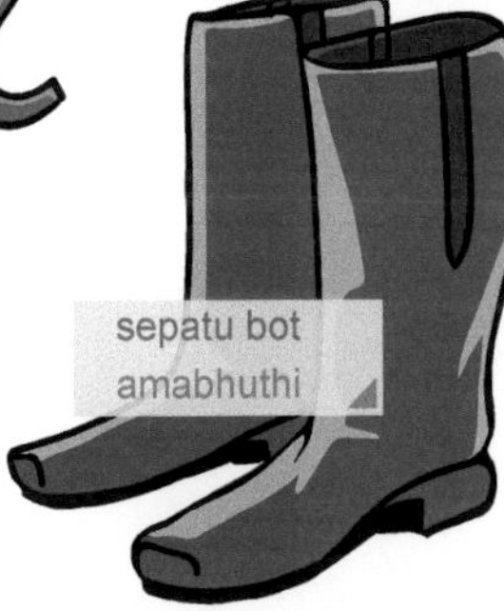

syal
isikhafu

payung
i-amburela

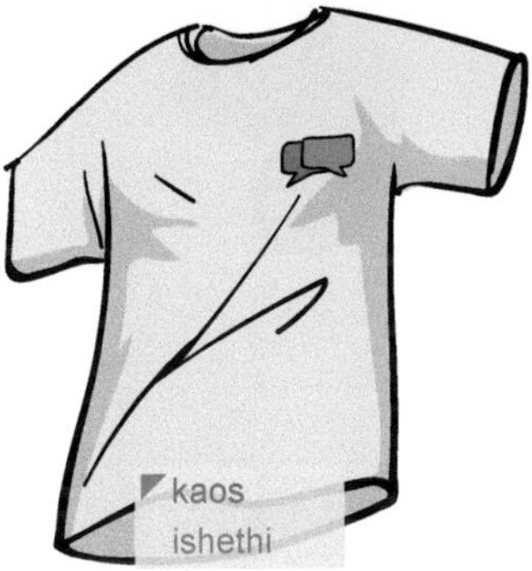

sabuk
ibhande

kaos
ishethi

sepatu bot
amabhuthi

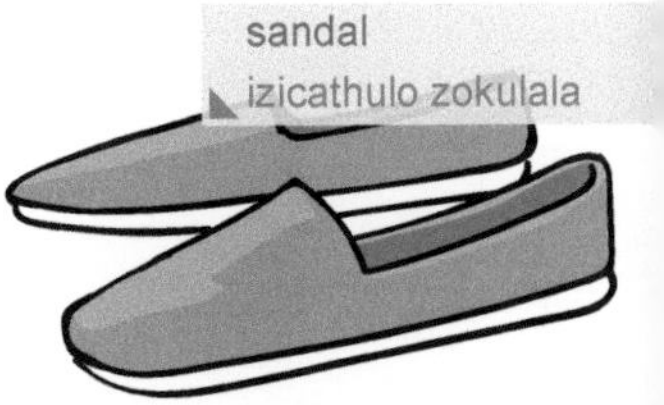

sandal
izicathulo zokulala

sepatu
abaqeqeshi

sandal
amasandali

sepatu
izicathulo

sepatu bot karet
amabhuthi erabha

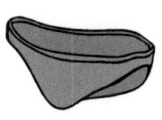

celana dalam
iphenti

BH
u-bra

baju rompi
ivesti

pakaian - izimpahla

body
umzimba

celana
amabhulukwe

jeans
amajini

rok
isiketi

blus
isikibha

kemeja
ishethi

aket berkerudung
ijezi elinezigqoko

sweater
i hoodic

jaket
ıbhuleyiza

jaket
ijakhethi

mantel
ijazi

jas hujan
i-raincoat

kostum
ikhosyumu

gaun
ingubo

gaun pengantin
ingubo yomshado

pakaian - izimpahla

setelan resmi
isudu

gaun tidur
ingubo yokulala

piyama
amaphijama

sari
ingubo yesari

jilbab
isikhafu

turban
isigqoko se-turban

burka
ibhukha

kaftan
ingubo yekaftani

abaya
abaya

pakaian renang
impahla yokubhukuda

celana renang
amathranki

celana pendek
isikhindi

olah raga
i-tracksuit

celemek
ingubo yokupheka

sarung tangan
amagilavu

pakaian - izimpahla

kancing
ibhathini

kacamata
izibuko

gelang
ibhengela

kalung
umgexo

cincin
indandatho

anting
amacici

topi
ikepisi

gantungan mantel
into yokuhonga ijazi

topi
isigqoko

dasi
uthayi

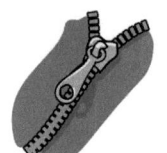

ritsleting
uziphu

helm
ihelmethi

tali selempang
ama-braces

seragam sekolah
iyunifomu yesikole

seragam
iyunifomu

pakaian - izimpahla

oto
ibhayi lengane

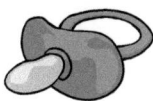
dot
idemu

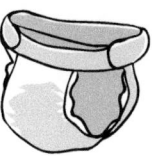
popok
inabukeni

kantor
i-ofisi

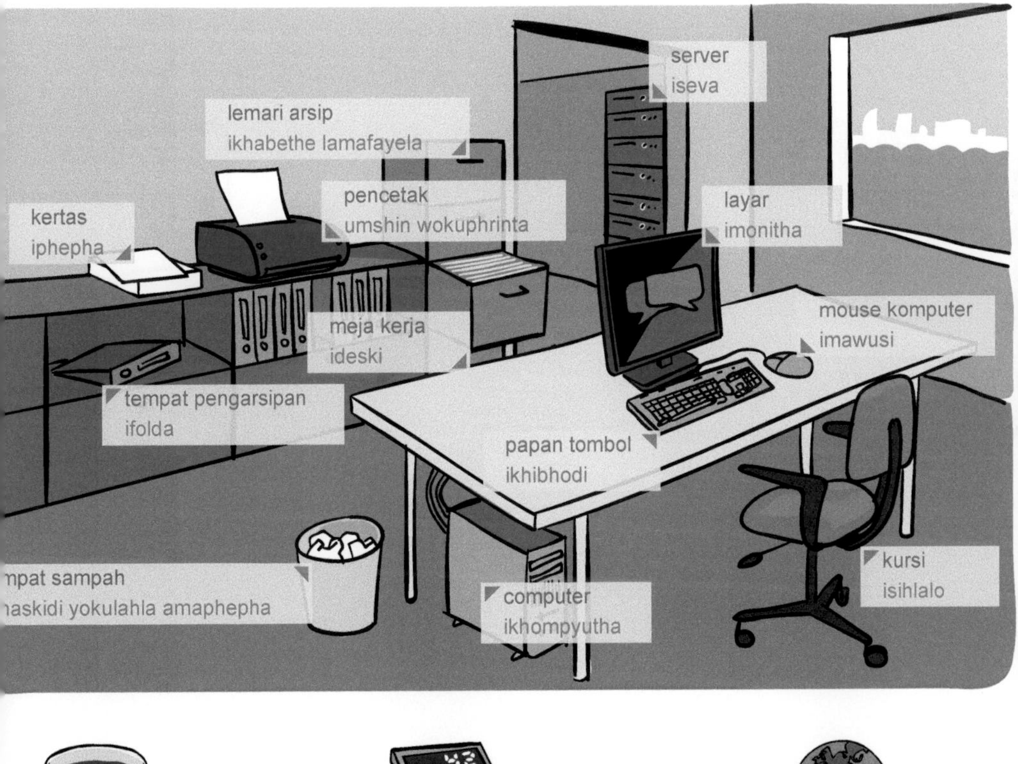

- lemari arsip — ikhabethe lamafayela
- pencetak — umshin wokuphrinta
- server — iseva
- kertas — iphepha
- layar — imonitha
- meja kerja — ideski
- mouse komputer — imawusi
- tempat pengarsipan — ifolda
- papan tombol — ikhibhodi
- tempat sampah — baskidi yokulahla amaphepha
- computer — ikhompyutha
- kursi — isihlalo

cangkir kopi
imagi yekhofi

kalkulator
ikhalkhuletha

internet
i-inthanethi

laptop	surat	pesan
ilephuthophu	incwadi	umyalezo

telepon seluler	jaringan	fotokopi
ifoni	inethiwekhi	ifothokhophi

software	telepon	plug soket
i-software	ucingo	indawo yokupulaka
	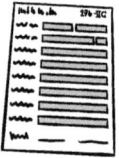	
mesin fax	formulir	dokumen
umshini wokufeksa	ifomu	idokhumenti

ekonomi
umnotho

membeli
thenga

membayar
khokha

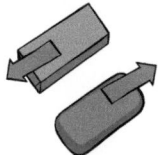

berdagang
shintshana

uang
imali

Dollar
idola

Euro
i-euro

Yen
iyen

Rubel
i-rouble

Franc Swiss
iSwiss franc

Renminbi Yuan
i-renminbi yuan

Rupiah
i-rupee

ATM
umshini wokukhipha imali

kantor pertukaran mata uang
i-bureau de change

emas
igolide

perak
isiliva

minyak
amafutha

energi
amandla

harga
inani lemali

kontrak
ukuxhumana

pajak
intela

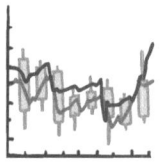

saham
isitokwe

bekerja
sebenza

karyawan
isisebenzi

majikan
umqashi

pabrik
ifekthri

toko
esitolo

pekerjaan
imisebenzi

petugas polisi
iphoyisa

pemadam kebakaran
indoda ecisha umlilo

pemasak
pheka

dokter
udokotela

pilot
umshayeli wezindiza

tukan kebun
umuntu onakekela ingadi

tukang kayu
umbazi

penjahit wanita
umthungi

hakim
ijaji

ahli kimia
umuntu osebenza ekhemisi

aktor
umlingisi

pekerjaan - imisebenzi

sopir bis
umshayeli webhasi

sopir taksi
umshayeli wetekisi

nelayan
indoda edoba izinhlanzi

pembantu
owesifazane ohlanzayo

tukang atap
umuntu olungisa uphahla

pelayan
uweyita

pemburu
umzingeli

pelukis
umuntu opendayo

tukang roti
umbhaki

tukang listrik
umuntu osebenza ngogesi

pembangun
umakhi

insinyur
unjiniyela

tukang daging
indawo edayisa inyama

tukang ledeng
umuntu osebenza ngamapayipi

tukang pos
indoda yaseposini

pekerjaan - imisebenzi

tentara — isosha
arsitek — umdwebi wezakhiwo
kasir — umbali wemali

penjual bunga — umuntu otshala izimbali
penata rambut — umuntu owenza izinwele
konduktor — umqondisi wasesitimeleni

montir — umakhenikha
kapten — ukaputeni
dokter gigi — udokotela wamazinyo

ilmuwan — usosayensi
rabbi — urabi
imam — imam

biarawan — indela
pendeta — umfundisi

pekerjaan - imisebenzi

alat
amathuluzi

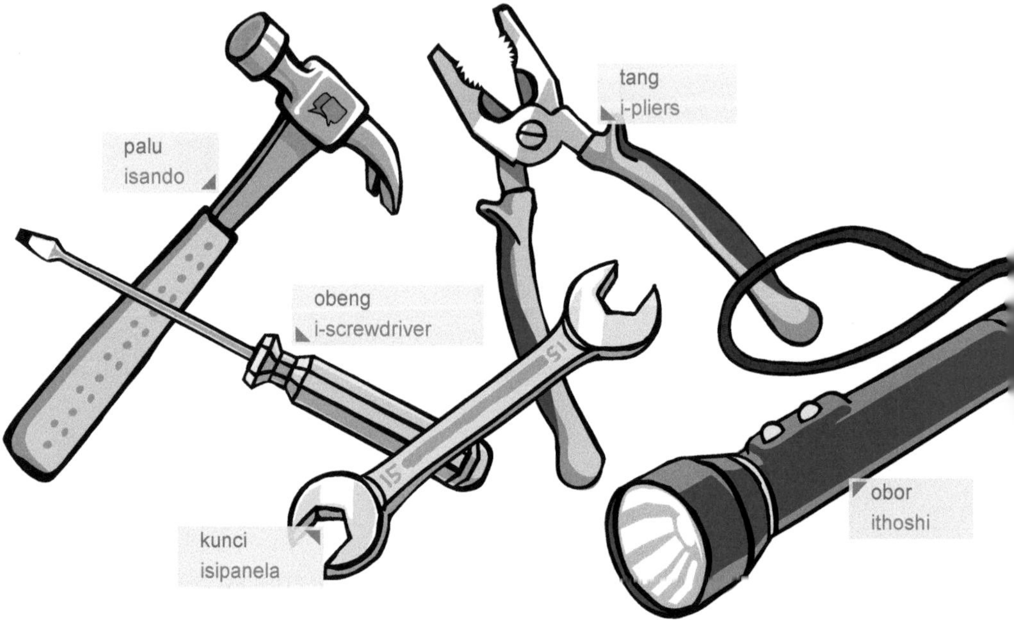

palu / isando

tang / i-pliers

obeng / i-screwdriver

kunci / isipanela

obor / ithoshi

penggali
umshini wokumba

tas perkakas
ibhokisi lamathuluzi

tangga
isitebhisi

gergaji
isaha

paku
izinzipho

bor
i-drill

perbaikan
lungisa

sekop
ifosholo

Sialan!
Damethi!

cikrak
idastipheni

pot cat
ithini likapende

sekrup
i-screws

alat musik
izinsimbi zomculo

- alat drum / ikhithi yamadramu
- pengeras suara / ispikha esinomsindo omkhulu
- gitar / isiginci
- bas / isiginci i-double bass
- trompet / icilongo

alat musik - izinsimbi zomculo

piano
ipiyano

violin
ivayolini

bass
i-bass

tambur
ithimpani

drum
amadramu

keyboard
i-keyboard

saksofon
i-saxophone

suling
umtshingo

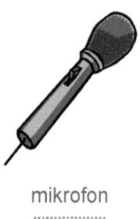
mikrofon
imakhrofonl

kebun binatang
esiqiwini

pintu masuk — indawo yokungena
macan — ingwe
kandang — ikheji
sebra — idube
pakan ternak — ukudla kwezilwane
panda — iphanda

hewan
izilwane

gajah
indlovu

kanguru
ikhangaru

badak
ubhejane

gorila
igorila

beruang
ibhele

unta
ikamela

burung unta
intshe

singa
ingonyama

monyet
inkawu

flamingo
i-flamingo

burung beo
upholi

beruang polar
ibhele laseqhweni

penguin
iphenquwini

hiu
ushaka

merak
ipigogo

ular
inyoka

buaya
ingwenya

penjaga kebun binatang
umgcini wezilwane

segel
isilwane saseqhweni

jaguar
ijaguwa

kebun binatang - esiqiwini

kuda poni iponi	macan tutul ingwe	kuda nil imvubu

jerapah indlulamithi	burung elang ukhozi	babi jantan intibane

ikan inhlanzi	kura-kura ufudu	anjing laut i-walrus

rubah ujakalase	kijang inyamazane igazele	

kebun binatang - esiqiwini

olahraga
imidlalo

aktivitas
imisebenzi

- meloncat / gxuma
- ketawa / hleka
- memeluk / haga
- menyanyi / cula
- berjalan / hamba
- berdoa / thandaza
- mencium / cabuza
- mengimpi / phupha

menulis
bhala

melukis
dweba

menunjuk
bonisa

mendorong
phusha

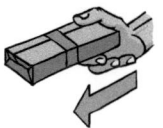

memberikan
nikeza

mengambil
thatha

aktivitas - imisebenzi

mempunyai
yiba

melakukan
yenza

adalah
yiba

berdiri
sukuma

berlari
gijima

menarik
donsa

melempar
phonsa

jatuh
yiwa

tidur
amanga

menunggu
linda

membawa
thwala

duduk
hlala

berpakaian
gqoka

tidur
lala

bangun
vuka

aktivitas - imisebenzi

melihat bukela	menangis khala	mengelus qhweba

menyisir kama	berbicara khuluma	mengerti qonda

menanyak buza	mendengar lalela	minum phuza

makan idla	merapikan coca	cinta thanda

memasak pheka	menyetir shayela	terbang ndiza

aktivitas - imisebenzi

berlayar
hamba ngomkhumbi

menghitung
bala

membaca
funda

belajar
funda

bekerja
sebenza

menikah
shada

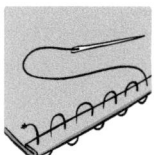
menjahit
thunga

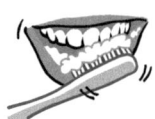
sikat gigi
geza amazinyo

membunuh
bulala

merokok
bhema

kirim
thumela

aktivitas - imisebenzi

keluarga
umndeni

- nenek / ugogo
- kakek / umkhulu
- bapak / ubaba
- ibu / umama
- bayi / ingane
- putri / indodakazi
- putra / indodana

tamu
isivakashi

bibi
u-anti

paman
umalume

kakak laki
umfowethu

kakak perempuan
udadewethu

badan
umzimba

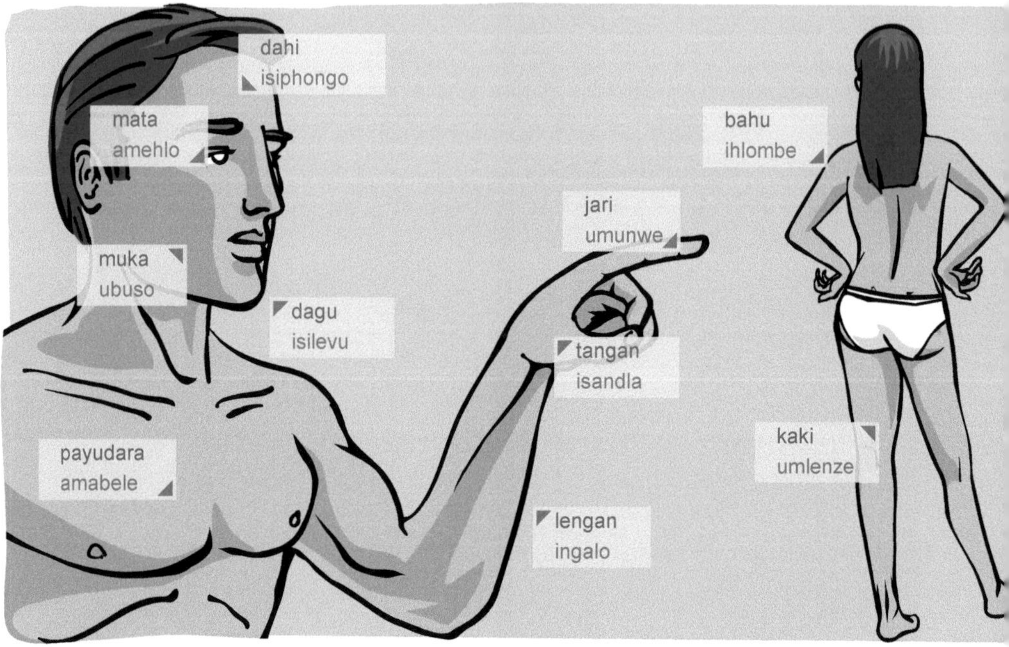

dahi / isiphongo
mata / amehlo
bahu / ihlombe
jari / umunwe
muka / ubuso
dagu / isilevu
tangan / isandla
payudara / amabele
kaki / umlenze
lengan / ingalo

bayi
ingane

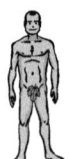

pria
indoda

wanita
owesifazane

perempuan
intombazane

laki
umfana

kepala
ikhanda

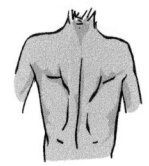

punggung
umhlane

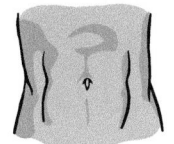

perut
isisu

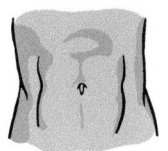

pusar
inkaba

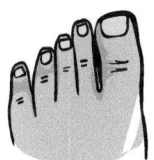

toe
izinzwane

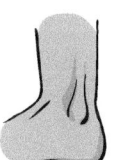

tumit
isithende

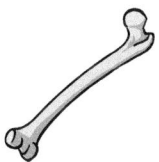

tulang
ithambo

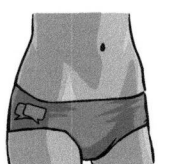

pinggang
inqulu

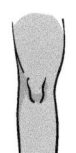

lutut
idolo

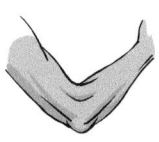

siku
indololwane

hidung
ikhala

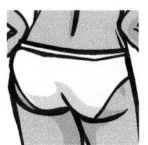

pantat
ingenzansi

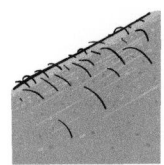

kulit
isikhumba

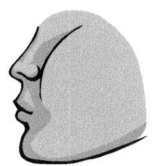

pipi
iziqhomo

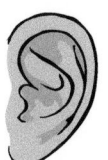

telinga
indlebe

bibir
udebe

	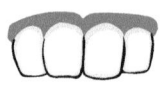	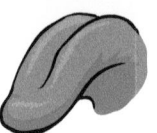
mulut umlomo	gigi amazinyo	lidah ulimu
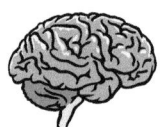	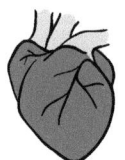	
otak ingqondo	jantung inhliziyo	otot imasela
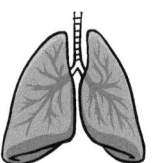		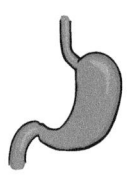
paru-paru uphaphe	hati isibindi	stomach isisu
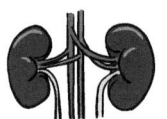		
ginjal izinso	hubungan seks ucansi	kondom ikhondomu
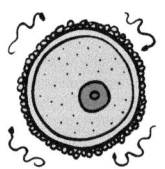		
sel telur iqanda	sperma isidoda	kehamilan ukukhulelwa

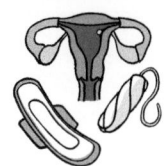

menstruasi
ukuya esikhathini

vagina
imomozi

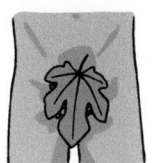

penis
umthondo

alis
ishiya

rambut
izinwele

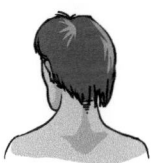

leher
intamo

rumah sakit
isibhedlela

rumah sakit
isibhedlela

ambulans
i-ambulensi

kursi roda
isitulo sabakhubazekile

patah tulang
ukuphuka

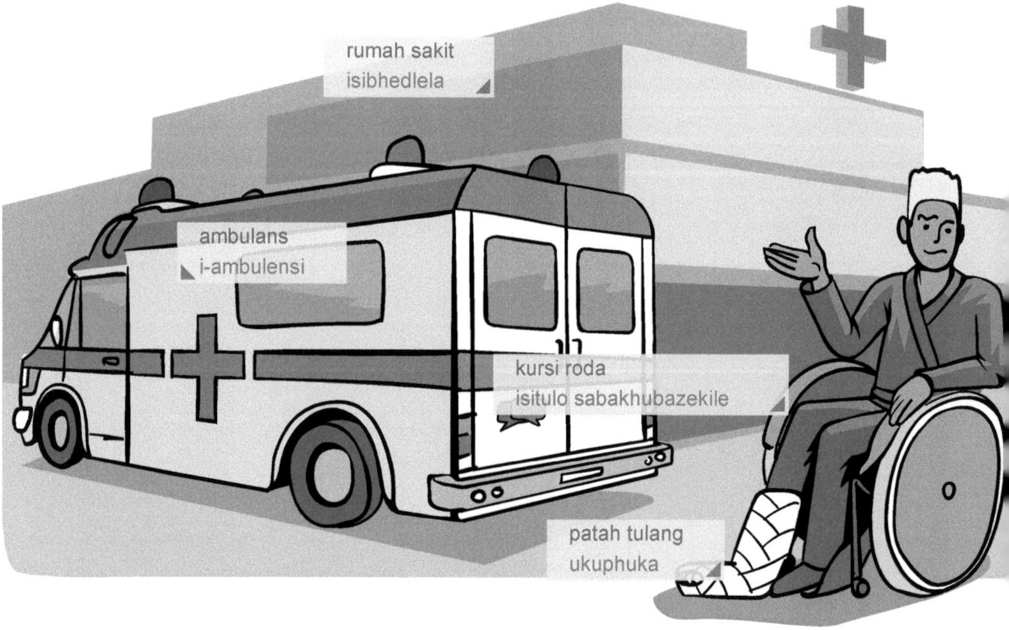

dokter
udokotela

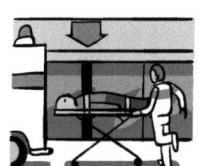

ruang darurat
igumbi leziguli ezidinga ukwelashwa okuphuthumayo

perawat
umhlengikazi

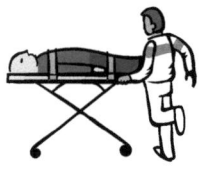

darurat
izimo eziphuthumayo

semaput
ukuquleka

sakit
ubuhlungu

72 rumah sakit - isibhedlela

cedera
ukulimala

perdarahan
ukopha

serangan jantung
isifo senhliziyo

stroke
ukushaywa unhlangothi

alergi
ukungazwani komzimba nezinto ezithile

batuk
ukukhwehlela

demam
imfiva

flu
umkhuhlane

diare
ukuhuda

sakit kepala
ukuphathwa ikhanda

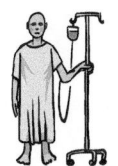

kanker
umdlavuza

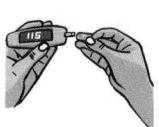

diabetes
isifo sikashukela

ahli bedah
udokotela ohlinzayo

pisau bedah
isikalpheli

operasi
ukuhlinzwa

rumah sakit - isibhedlela

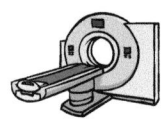

CT
CT

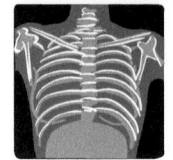

sinar x
i-x-ray

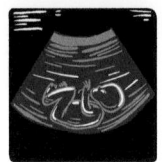

usg
i-ultrasound

topeng
imaskhi yasebusweni

penyakit
isifo

ruang tunggu
igumbi lokulinda

penyokong
izinduko zokuhamba

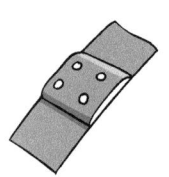

plester
iplasta

perban
ibhandishi

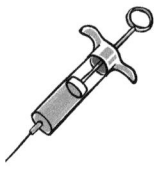

injeksi
umjovo

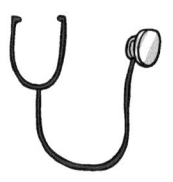

stetoskop
izipopolo zikadokotela

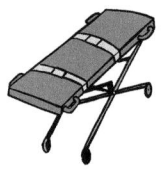

usungan
i-stretcher

termometer klinis
umshini okala izinga lokushisa

kelahiran
ukubeletha

kelebihan berat badan
ukukhuluphala ngokweqile

rumah sakit - isibhedlela

alat pendengar — desinfektan — infeksi
insizwa yokuzwa — ukungatheleleki — ukutheleleka

virus — HIV / AIDS — obat
ivariyasi — HIV / AIDS — umuthi

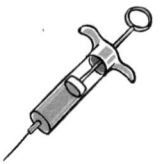 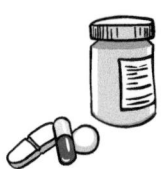 

vaksinasi — tablet — pil
umgomo — amaphilisi — amaphilisi

panggilan darurat — ukur tekanan darah — sakit / sehat
ucingo oluphuthumayo — umshini okala umfutho wegazi — ukugula / ukuba umqemane

darurat
izimo eziphuthumayo

Tolong!
Sizani!

alarm
i-alamu

penyerbuan
ukuhlasela

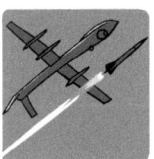

serangan
ukuhlasela

bahaya
ingozi

pintu darurat
indawo yokubalekela ngaphansi kwezimo eziphuthumayo

Api!
Umlimo!

alat pemadam kebakaran
isicimamlilo

kecelakaan
ingozi

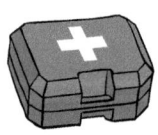

kit pertolongan pertama
ikhithi yosizo lokuqala

SOS
SOS

polisi
amaphoyisa

bumi
Umhlaba

Eropa
Europe

Amerika Utara
North America

Amerika Selatan
South America

Afrika
Africa

Asia
Asia

Australi
Australia

Atlantik
Atlantic

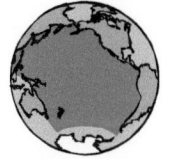

Pasifik
Pacific

Samudra India
Indian Ocean

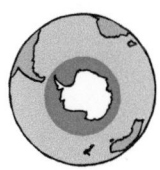

Samudra Antartika
Antarctic Ocean

Samudra Arktik
Arctic Ocean

kutub utara
North Pole

kutub selatan
South Pole

Antarktika
Antarctica

bumi
Umhlaba

tanah
umhlaba

laut
izilwandle

pulau
isiqhingi

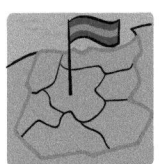
bangsa
izwe

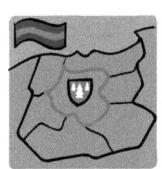
negara
inhlangano engokomthetho

jam
iwashi

jam wajah

ubuso bewashi

jarum pendek

isandla sehora

jarum menit

isandla semizuzu

jarum detik

isandla sesibili

Jam berapa?

Ubani isikhathi?

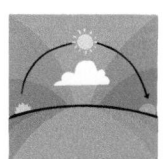

hari

usuku

waktu

isikhathi

sekarang

manje

jam digital

iwashi lezibalo

menit

umzuzu

jam

ihora

minggu
iviki

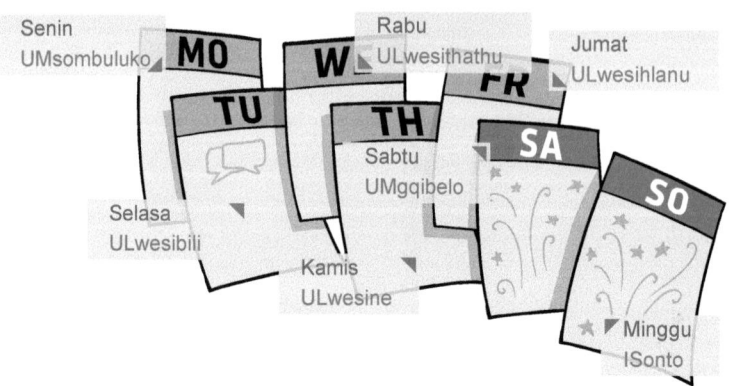

Senin — UMsombuluko
Selasa — ULwesibili
Rabu — ULwesithathu
Kamis — ULwesine
Jumat — ULwesihlanu
Sabtu — UMgqibelo
Minggu — ISonto

kemaren
izolo

hari ini
namhlanje

besok
kusasa

pagi
ekuseni

siang
emini

malam
ntambama

hari kerja
izinsuku zeviki

akhir minggu
impelasonto

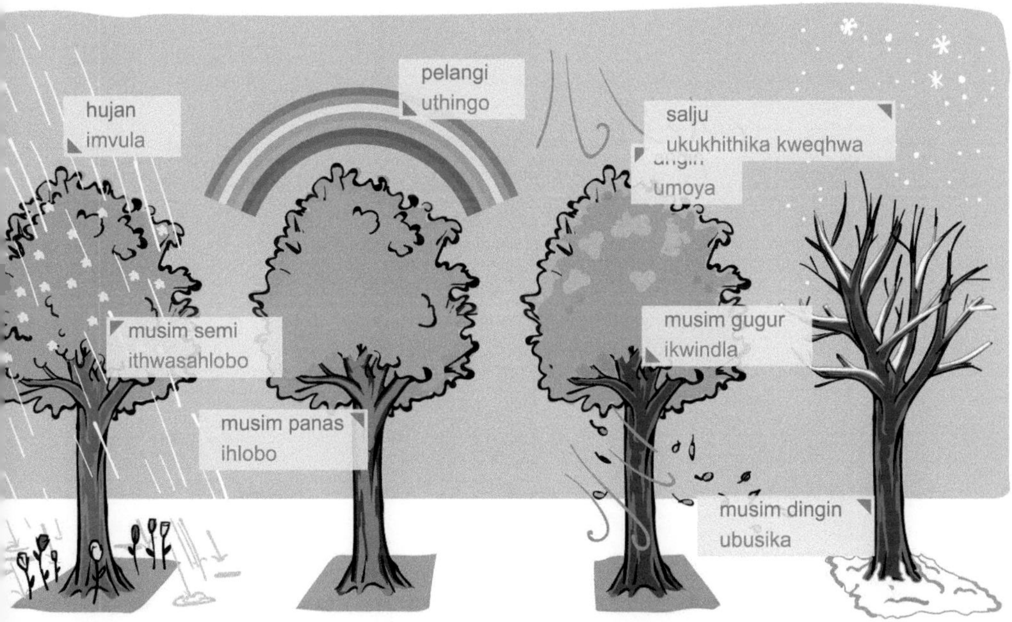

tahun
unyaka

hujan / imvula
pelangi / uthingo
salju / ukukhithika kweqhwa
angin / umoya
musim semi / ithwasahlobo
musim panas / ihlobo
musim gugur / ikwindla
musim dingin / ubusika

ramalan cuaca
isimo sezulu

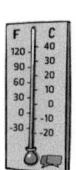

termometer
umshini wezinga lokushisa

matahari
ukushisa kwelanga

awan
amafu

kabut
inkungu

kelembahan
umswakama

kilat
ummbani

guntur
ukuduma kwezulu

badai
isiphepho

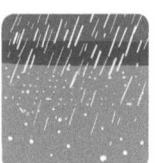

hujan es
isichotho

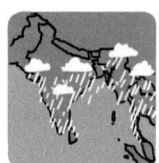

monsun
imvula enkulu

banjir
izikhukhula

es
iqhwa

Januari
UMasingana

Februari
UNhlolanja

Maret
UNdasa

April
UMbasa

Mei
UNhlaba

Juni
UNhlangulana

Juli
UNtulikazi

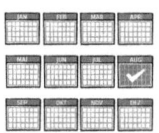

Agustus
UNcwaba

September
UMandulo

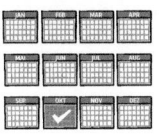
Oktober
UMfumfu

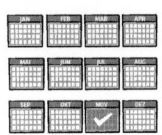
November
ULwezi

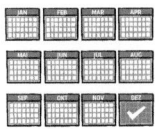
Desember
UZibandlela

bentuk
amasheyphu

lingkaran
indilinga

persegi
isikwele

persegi panjang
unxande

segi tiga
unxantathu

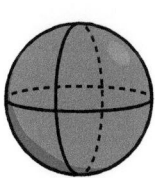
bola
i-sphere

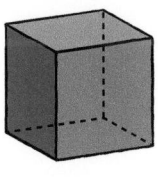
kubus
i-cube

warna-warna
imibala

putih
kumhlophe

kuning
kuphuzi

oranye
ku-olenji

pink
kuphinki

merah
kumbomvu

ungu
kuphephuli

biru
kuluhlaza okwesibhakabhaka

hijau
kuluhlaza

coklat
kubhrawuni

abu-abu
kuphashile

hitam
kumnyama

berlawanan
izinto ezingafani

banyak / sedikit

kakhulu / kancane

marah / tenang

ukucasuka / ubumnene

cantik / jelek

ubuhle / ububi

mulaih / selesai

isiqalo / isiphetho

besar / kecil

kukhulu / kuncane

terang / gelap

kuyakhanya / kumnyama

audara laki-laki / saudara perempuan

umfowethu / udadewethu

bersih / kotor

ukuhlanzeka / ukungcola

lengkap / tidak lengkap

ukuphelela / ukungapheleli

hari / malam

imini / ubusuku

mati / hidup

ukufa / ukuphila

luas / sempit

ukuvuleka / ukunyinyeka

dapat dimakan / tidak dapat dimakan

okudliwayo / okungadliwa

jahat / baik

ukukhohlakala / umusa

bersemangat / bosan

ukujabula / isithukuthezi

gemuk / kurus

ukunona / ukuzaca

pertama / terakhir

ukuqala / ukugcina

teman / musuh

umngane / isitha

penuh / kosong

ukugcwala / ukuphela

keras / lembut

ubunzima / ukuthamba

berat / enteng

ukusinda / ukubalula

lapar / haus

ukulamba / ukoma

sakit / sehat

ukugula / ukuba umqemane

ilegal / legal

ngokomthetho / okungekho emthethweni

cerdas / bodoh

ukuhlakanipha / isiphukuphuku

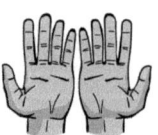

kiri / kanan

isinxele / esokudla

dekat / jauh

eduze / kude

berlawanan - izinto ezingafani

baru / bekas
kusha / sekusebenzile

tidak ada apapun / sesuatu
utho / okuthile

tua / muda
okudala / okusha

nyala / mati
vuliwe / kucishiwe

buka / tutup
vula / vala

tenang / keras
kuthulekile / kunomsindo

kaya / miskin
ukuceba / ubumpofu

benar / salah
kulungile / akulungile

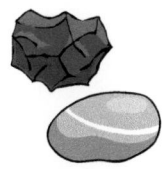

kasar / halus
kugadlazekile / kuyashelela

sedih / gembira
dabuka / jabula

pendek / panjang
kufishane / kude

pelan-pelan / cepat
kuyanensa / kuyashesha

basah / kering
ukuba manzi / ukoma

hangat / sejuk
ukufudumala / ukuphola

perang / damai
ukulwa / ukuthula

berlawanan - izinto ezingafani

angka-angka
izinombolo

0
nol
uziro

1
satu
kunye

2
dua
kubili

3
tiga
kuthathu

4
empat
kune

5
lima
kuhlanu

6
enam
isithupha

7
tujuh
isikhombisa

8
delapan
isishiyagalombili

9
sembilan
isishiyagalolunye

10
sepuluh
ishumi

11
sebelas
ishumi nanye

12
duabelas
ishumi nambili

13
tigabelas
ishumi nantathu

14
empatbelas
ishumi nane

15
limabelas
ishumi nanhlanu

16
enambelas
ishumi nesithupha

17
tujuhbelas
ishumi nesikhombisa

18
delapanbelas
ishumi nesishiyagalombili

19
sembilanbelas
ishumi nesishiyagalolunye

20
duapuluh
amashumi amabili

100
seratus
ikhulu

1.000
seribu
inkulungwane

1.000.000
juta
izigidi

angka-angka - izinombolo

bahasa-bahasa
izilimi

Inggris
isiNgisi

bahasa Inggris Amerika
isiNgisi saseMelika

bahasa Cina Mandarin
isiMandarin saseShayina

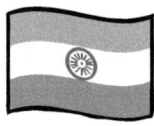

bahasa Hindi
isiHindi

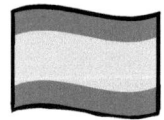

bahasa Spanyol
iSpanishi

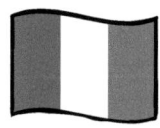

bahasa Perancis
isiFulentshi

bahasa Arab
isi-Arabhu

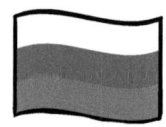

bahasa Rusia
isiRashiya

bahasa Portugis
isiPutukezi

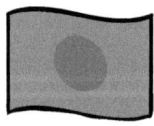

bahasa Bengal
isiBengali

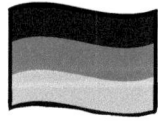

bahasa Jerman
isiJalimane

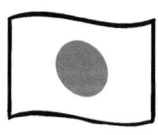

bahasa Jepang
isiJapane

siapa / apa / begaimana
ubani / ini / kanjani

saya
Mina

kamu
wena

dia
u / u / ku

kita
thina

kalian
nina

mereka
bona

siapa?
ubani?

apa?
ini?

begaimana?
kanjani?

dimana?
kuphi?

kapan?
nini?

nama
igama

dimana
kuphi

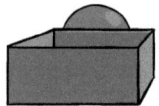

dibelakang

ngemuva

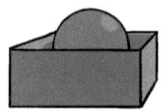

di

ngaphakathi

didepan

phambi kwe

diatas

phezulu

diatas

ngaphezulu

dibawah

ngaphansi

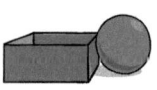

sebelah

eceleni

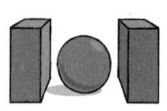

di antara

phakathi

tempat

indawo